L'ORACLE FÉMINISTE, MODE D'EMPLOI

Les cartes *L'Oracle féministe* proposent des conseils* tirés d'éléments clés de la vie de 50 femmes iconiques. Choisis une carte pour consulter l'oracle sur ces sujets :

TRAVAIL SOCIÉTÉ BIEN-ÊTRE

Écrit par Charlotte Jansen ▼ Illustré par Laura Callaghan
Traduit par Nadia Fischer ▽ Corrigé par Marine Perrier

L'ORACLE FÉMINISTE, MODE D'EMPLOI

Les cartes *L'Oracle féministe* proposent des conseils* tirés d'éléments clés de la vie de 50 femmes iconiques. Choisis une carte pour consulter l'oracle sur ces sujets :

TRAVAIL SOCIÉTÉ BIEN-ÊTRE

ADWOA ABOAH
NICOLA ADAMS
CHIMAMANDA NGOZI ADICHIE
SONITA ALIZADEH
MANAL AL-SHARIF
MAYA ANGELOU
JACINDA ARDERN
MARGARET ATWOOD
CARDI B
LAURA BATES
SIMONE DE BEAUVOIR
BEYONCÉ
TARANA BURKE
OCTAVIA BUTLER
JUDY CHICAGO
LAVERNE COX
ANGELA DAVIS
ELLEN DEGENERES
LENA DUNHAM
ROXANE GAY
RUTH BADER GINSBURG
GUERRILLA GIRLS
ILANA GLAZER & ABBI JACOBSON
GERMAINE GREER
ANGELINA JOLIE
LIZZO
AUDRE LORDE
WANGARI MAATHAI
ZANELE MUHOLI
HARI NEF
SHIRIN NESHAT
MICHELLE OBAMA
YOKO ONO
EMMELINE PANKHURST
PHOEBE PHILO
MEGAN RAPINOE
PUSSY RIOT
SHERYL SANDBERG
GLORIA STEINEM
DONNA STRICKLAND
GRETA THUNBERG
SOJOURNER TRUTH
AGNÈS VARDA
PHOEBE WALLER-BRIDGE
EMMA WATSON
SERENA WILLIAMS
OPRAH WINFREY
MARY WOLLSTONECRAFT
MALALA YOUSAFZAI
FU YUANHUI

* Tous les conseils prodigués par l'oracle sont inspirés de l'œuvre, des actions et de la personnalité de ces figures.

ADWOA ABOAH

Née au Royaume-Uni, 1992

Adwoa Aboah est mannequin et fondatrice de Gurls Talk, une organisation caritative visant à promouvoir l'empouvoirement au féminin. Adwoa lance ce projet en 2015, alors qu'elle a elle-même souffert de troubles mentaux, de dyslexie et de problèmes d'addiction dans son adolescence. Elle est aujourd'hui rédactrice pour le *Vogue* anglais et continue de militer sans relâche pour la diversité dans l'industrie de la mode.

NICOLA ADAMS

Née au Royaume-Uni, 1982

La boxeuse professionnelle Nicola Adams est la première femme à obtenir le titre de championne olympique dans son sport. Elle entre en effet dans l'histoire en remportant la médaille d'or aux JO de Londres (2012), avant de réitérer l'exploit à Rio (2016). En reconnaissance de sa carrière, elle reçoit, en 2017, l'ordre de l'Empire britannique. Lorsqu'elle annonce prendre sa retraite en 2019, elle est encore au sommet de sa gloire. Bisexuelle, Nicola Adams fait figure de pionnière lorsqu'elle évoque publiquement son coming out et les préjugés qu'elle a dû affronter dans le monde de la boxe.

CHIMAMANDA NGOZI ADICHIE
Née au Nigeria, 1977
Autrice à succès couronnée de nombreux prix littéraires, Chimamanda Ngozi Adichie grandit à Enugu, au Nigeria, avant de s'installer aux États-Unis pour étudier à la Drexel University de Philadelphie. En 2008, elle obtient la bourse MacArthur, mais c'est sa conférence TED intitulée *Le Danger d'une histoire unique*, en 2009, qui lui vaut une renommée mondiale. Suit, trois ans plus tard, un autre TED Talk au succès retentissant : *Nous sommes tous des féministes*. Beyoncé en reprendra un extrait dans son titre « Flawless » (2013), et le discours sera même publié sous forme de livre en 2014. Abordant dans ses écrits et sur diverses plateformes publiques les questions de race, de genre, de sexualité et de féminité, Chimamanda est l'une des voix les plus puissantes du féminisme contemporain.

SONITA ALIZADEH
Née en Afghanistan, 1996
Sonita grandit à Herat, ville afghane contrôlée par les talibans, avant de fuir avec sa famille en Iran, où elle découvre le rap. Malgré la loi iranienne stipulant qu'il est interdit pour une femme de chanter en public, c'est là-bas qu'elle commence à écrire ses propres morceaux. En 2014, elle remporte un concours américain de composition de chansons. Peu après, la cinéaste Rokhsareh Ghaemmaghami la contacte pour lui proposer de réaliser le cli de son titre « Daughters for Sale » [« Filles à vendre »], qui connaît un succès mondial Cette même cinéaste réalisera ensuite un documentaire consacré à la musicienne, *Sonita*. La jeune femme, qui vit désormais à New York, s'est depuis exprimée aux Natio unies et continue d'utiliser sa musique, ainsi que son influence pour dénoncer le mariage forcé des petites filles.

MANAL AL-SHARIF

Née en Arabie Saoudite, 1979

Manal al-Sharif est l'activiste qui a lancé la campagne pour le « droit à conduire » en Arabie Saoudite. En mai 2011, alors que débute le Printemps arabe, elle poste une vidéo d'elle en train de conduire en direction de la ville de Khobar – ce qui est alors complètement défendu pour une femme –, vidéo qui devient rapidement virale. Son acte la mène derrière les barreaux, mais d'autres femmes se mettent à poster des vidéos similaires. En 2017, elle raconte son expérience dans un livre, *Daring to Drive* [*Oser conduire*], et, en 2018, le gouvernement finit par accorder le droit de conduire à la gent féminine. Manal al-Sharif poursuit son combat pour l'éveil des consciences sur la condition des femmes en Arabie Saoudite, où la tutelle masculine est inscrite dans la loi. Elle a depuis choisi l'exil en Australie où, dit-elle, il est plus sûr pour elle de continuer son action.

MAYA ANGELOU

Née aux États-Unis, 1928-2014

La vie de Maya Angelou – de son vrai nom Marguerite Annie Johnson – est bien connue de ses lecteurs, notamment parce qu'elle l'a retracée dans sept autobiographies, dont *Je sais pourquoi chante l'oiseau en cage* (1969), qui raconte le viol qu'elle a subi enfant et le meurtre de son violeur quelques jours plus tard, un traumatisme qui la rendra muette pendant cinq ans. Son existence compte néanmoins de nombreux bonheurs. Après avoir travaillé comme danseuse et chanteuse, et appris plusieurs langues, les années 1960 voient son influence littéraire prendre de l'ampleur. Elle devient l'une des figures de proue du mouvement pour les droits civiques et du militantisme anti-apartheid. À sa mort en 2014, forte d'une bonne cinquantaine de prix honorifiques, elle fait partie des auteurs les plus populaires au monde.

JACINDA ARDERN

Née en Nouvelle-Zélande, 1980

En 2017, lorsque Jacinda Ardern est nommée Première ministre de la Nouvelle-Zélande à l'âge de 37 ans, elle devient la plus jeune femme au monde à diriger un gouvernement. Élevée dans la foi mormone (religion qu'elle abandonne en 2005, marquant ainsi son désaccord vis-à-vis des positions de son Église sur l'homosexualité), elle se présente comme une femme politique progressiste et féministe. Sa réponse aux attaques terroristes de Christchurch en mars 2019, « They are us » [« Ils sont nous »], définit sa ligne politique, qui met un point d'honneur à combattre les inégalités. Un an après son élection, elle devient la première cheffe d'État de l'histoire à prendre un congé maternité (six petites semaines). Cette même année, elle envoie un message fort au sujet de la maternité sur le lieu de travail, en emmenant son bébé à l'Assemblée générale des Nations unies, à New York.

MARGARET ATWOOD

Née au Canada, 1939

Militante écologiste, poétesse, professeure, inventeuse, romancière : Margaret Atwood a presque tout testé au cours de sa carrière aux mille facettes. Elle a publié plus de 18 romans et 11 essais, un exploit quand on sait qu'elle n'a pas vraiment fréquenté l'école avant l'âge de 12 ans. Si elle déteste les étiquettes, elle n'en reste pas moins une pionnière dans le domaine de la science-fiction et de la dystopie, utilisant ces genres littéraires pour aborder des thèmes comme l'identité de genre ou le changement climatique. La religion et la mythologie s'inscrivent également au cœur de ses livres, qu'elle dit grandement inspirés de sa fascination d'enfant pour les contes de fées. En 2017, l'adaptation télévisuelle de son roman *La Servante écarlate* (1985) fait découvrir son œuvre à la jeune génération

CARDI B

Née aux États-Unis, 1992

L'indomptable rappeuse (de son vrai nom Belcalis Marlenis Almánzar) naît et grandit dans le Bronx. Elle se fait connaître en 2013 sur Vine et Instagram. Devenue star d'une émission de téléréalité, elle réalise enfin son rêve en lançant sa carrière musicale, et sort trois titres classés nº 1 en deux ans (c'est la seule rappeuse à y parvenir). Cardi B, qui a connu dans son enfance la pauvreté et la violence domestique, puis qui a travaillé comme strip-teaseuse, est aujourd'hui un modèle pour les femmes qui veulent s'en sortir dans la vie. Avec son sens de la repartie et son franc-parler, elle incarne désormais une figure emblématique du féminisme moderne, abordant dans ses chansons ou sur les réseaux sociaux des thèmes comme l'autonomisation, l'indépendance, ou encore l'émancipation.

LAURA BATES

Née au Royaume-Uni, 1986

Laura Bates a exercé les métiers de comédienne, nounou et chercheuse en psychologie, avant de fonder l'Everyday Sexism Project, qui recense des exemples de sexisme ordinaire compilés par des femmes du monde entier. Le lancement du site en 2012 est souvent considéré comme le début de ce que certains nomment la « quatrième vague » du féminisme. En 2014, le projet devient un livre, et Laura Bates compte alors parmi les femmes les plus influentes du Royaume-Uni. L'année suivante, elle reçoit la médaille de l'Empire pour services rendus à l'égalité femmes-hommes. Elle continue aujourd'hui de militer pour les droits des femmes, et contre le sexisme et la violence domestique.

SIMONE DE BEAUVOIR
Née en France, 1908-1986
Que signifie, en tant qu'être humain, être vraiment libre ? Cette question est au cœur de l'œuvre de Simone de Beauvoir. *Le Deuxième Sexe* (1949), ouvrage phare de celle que l'on considère comme l'une des plus grandes féministes de l'histoire, deviendra une véritable bible pour le féminisme moderne, et continue aujourd'hui encore de le définir. Son postulat – que l'égalité devrait concerner la société dans son ensemble, et que le genre et la sexualité s'avèrent plus ambigus que ce que l'époque veut bien admettre – a plusieurs longueurs d'avance sur son temps. Philosoph et femme de lettres respectée, Simone de Beauvoir est aussi une militante engagée, militante qui prend part au mouvement étudiant secouant la France des années 1960, dénonce la guerre du Vietnam dans les années 1970, et manifeste en faveur du droit à l'avortement et de l'égalité pour les femmes

BEYONCÉ
Née aux États-Unis, 1981
Beyoncé, couronnée d'innombrables succès est l'une des artistes les plus célèbres du monde. Néanmoins, elle ne saurait se résumer à ses tubes ou à ses costumes de scène. En vingt années passées sous le feu des projecteurs, elle a redéfini l'industrie musicale, et de la sortie surprise de son opus tout simplement intitulé *Beyoncé* en 2013 jusqu'à la création de l'album « visuel *Lemonade* en 2016, elle a su prouver que la musique commerciale pouvait également confiner à l'art. Voix sincère dans le monde de l'*entertainment*, Beyoncé a évoqué son combat contre la dépression au début de sa carrière, mais aussi la fausse couche survenue avant la naissance de son premie enfant. En tant qu'activiste, elle se définit comme féministe, et défend ardemment le mouvement mondial Black Lives Matter, ainsi que la lutte pour les droits LGBT aux États-Unis.

TARANA BURKE

Née aux États-Unis, 1973

Tarana Burke est l'activiste qui a lancé le mouvement planétaire Me Too. En 1997, alors qu'elle a elle-même été violée enfant, Tarana rencontre une jeune fille de 13 ans qui lui confie être victime de violences sexuelles. Cette discussion l'incite à fonder une organisation à but non lucratif, Just Be, qui vise à promouvoir la santé et le bien-être des jeunes femmes noires. En 2006, elle commence à poster sur les réseaux sociaux en mettant en avant l'expression « me too » [« moi aussi »], et ce, pour faire naître une prise de conscience sur la nature endémique de la violence sexuelle. En 2017, #MeToo se mue en mouvement planétaire lorsque l'actrice Alyssa Milano utilise l'expression dans un tweet. En l'espace de vingt-quatre heures, ce hashtag apparaît dans 12 millions de posts et aide les victimes de violences sexuelles à enfin faire entendre leur voix.

OCTAVIA BUTLER

Née aux États-Unis, 1947-2006

L'imaginaire est un refuge pour la toute jeune Octavia Butler ; sa timidité maladive la pousse en effet à passer son enfance à la bibliothèque municipale de Pasadena. Adolescente, elle commence à taper des histoires sur une Remington. Sa carrière d'écrivaine prend son essor dans les années 1970, avec la parution de son roman, *Le Maître du réseau*, dont l'intrigue, située dans un avenir proche, aborde des thèmes que ses titres suivants ne cesseront de questionner, comme l'hybridation, la tolérance, l'amour, ou encore la destruction de la hiérarchie. Jusqu'à sa mort d'une crise cardiaque à l'âge de 58 ans, Octavia Butler travaillera à ouvrir une voie pour les femmes et les personnes de couleur, au sein du monde majoritairement masculin et blanc de la science-fiction.

JUDY CHICAGO

Née aux États-Unis, 1939

Judy Chicago est connue pour être celle qui a lancé l'art féministe. En 1970, elle développe le premier programme artistique féministe des États-Unis, au sein de l'université d'État de Californie (Fresno). Son œuvre la plus célèbre, *The Dinner Party* (1974-1979), installation colossale qui lui demandera cinq ans de travail, comprend 39 sets de table – dont l'assiette a la forme d'une vulve –, chacun représentant une femme dont l'héritage historique a été occulté. Cette création plus qu'explosive ne reçoit pas un accueil très enthousiaste de la part d'un monde de l'art alors dominé par les hommes, mais devient l'une des œuvres les plus influentes du XXe siècle.

LAVERNE COX

Née aux États-Unis, 1972

Actrice multirécompensée pour son militantisme, Laverne Cox est la première personne transgenre à se voir nommée aux Emmy Awards et à faire la couverture du *Time Magazine* (en 2014). Elle se fait connaître dans le monde entier grâce à son rôle de Sophia Burset dans la série Netflix *Orange Is the New Black* (2013-2019). Élevée en Alabama par sa mère et sa grand-mère, Laverne Cox trouve dans le théâtre une échappatoire au harcèlement qu'elle subit durant toute l'adolescence. Elle utilise ensuite sa renommée pour dénoncer la violence et la discrimination à l'égard des personnes transgenres, et en particulier des femmes transgenres noires. Elle est aujourd'hui une grande défenseuse des droits de la communauté LGBT aux États-Unis, mais également au-delà.

ANGELA DAVIS

Née aux États-Unis, 1944

Figure de proue du mouvement des droits civiques, féministe radicale, membre du parti communiste américain et du Black Panther Party, Angela Davis perd son poste d'enseignante à l'université de Californie en raison de ses opinions politiques trop véhémentes. En 1970, elle se fait remarquer en apparaissant sur la liste des dix personnes les plus recherchées par le FBI ; elle est en effet accusée d'avoir fourni l'arme du crime lors d'une prise d'otages qui a mal tourné au sein d'un tribunal. Elle sera plus tard acquittée, mais passera malgré tout un an derrière les barreaux. Elle écrit *La prison est-elle obsolète ?* (2003), ainsi que d'autres textes phares, comme *Femmes, race et classe* (1981). Elle enseigne désormais l'« histoire de la prise de conscience » à l'université de Californie. Sa vie fera bientôt l'objet d'un film réalisé par Julie Dash.

ELLEN DEGENERES

Née aux États-Unis, 1958

Toute sa vie, Ellen DeGeneres a fait rire les gens. Elle commence en faisant du stand-up sur de petites scènes, avant de devenir l'héroïne de deux sitcoms portant son nom. Depuis 2003, elle anime son propre talk-show, dont le succès est phénoménal. Ses réflexions bourrées de franchise et d'humour lui ont également permis d'attirer l'attention du public sur les questions de sexualité et de genre au sein de la société américaine dans son ensemble. En 1997, elle dévoile son homosexualité sur une chaîne de télévision nationale, lors de l'*Oprah Winfrey Show*. Elle a reçu la médaille présidentielle de la Liberté et un Golden Globe pour l'ensemble de sa carrière.

LENA DUNHAM

Née aux États-Unis, 1986

Sa série intitulée *Girls* (2012-2017) est aux années 2010 ce que *Sex and the City* fut aux années 1990 : une série phare qui a su parler à toute une génération de jeunes femmes. Six saisons et deux Golden Globes plus tard, Lena Dunham – créatrice de la série et interprète du personnage de Hannah Horvath – compte désormais parmi les voix les plus importantes de son époque. Ses interventions à l'écran, dans des livres ou sur les réseaux sociaux ont donné aux femmes l'élan nécessaire pour raconter leurs propres histoires en abordant des thèmes tels que la santé mentale, la perception du corps, ou encore l'endométriose, dont Lena a elle-même souffert (en 2018, elle rédige un article pour *Vogue*, article dans lequel elle évoque sa décision de subir une hystérectomie à l'âge de 31 ans). Elle continue aujourd'hui d'écrire, de réaliser, de jouer et de militer.

ROXANE GAY

Née aux États-Unis, 1974

Née dans l'État du Nebraska, au sein d'une famille d'origine haïtienne, Roxane Gay abandonne la prestigieuse université de Yale par amour. Elle reprend ses études dans le Vermont, où elle obtient un doctorat, avant de retourner à Yale en 2019 en tant que professeure invitée. Elle se fait connaître grâce à ses nouvelles et essais à la fois directs et nuancés sur les femmes, dont elle célèbre les imperfections : *Ayiti* (2011), *Bad Feminist* (2014) et *Difficult Women* (2017). Elle tient une colonne régulière dans le *New York Times*. Ses écrits ont su transformer notre vision du féminisme, qui n'est plus considéré comme un courant dédié aux femmes, mais comme une révolution emportant tout sur son passage, et rassemblant des problématiques à la fois sociétales, culturelles et politiques

RUTH BADER GINSBURG

Née aux États-Unis, 1933-2020

Dès le début de sa carrière, Ruth Bader Ginsburg subit personnellement la discrimination. Elle fait partie des rares femmes diplômées de la Cornell University et de l'école de droit de Columbia, dont elle sort major. Dans les années 1970, révoltée par les nombreux obstacles rencontrés dans une profession dominée par les hommes, elle occupe le devant de la scène en militant pour l'égalité des sexes. Elle fonde également le premier journal américain consacré aux droits des femmes, et travaille comme bénévole au sein de l'Union américaine pour les libertés civiles. En 1993, Bill Clinton la nomme à la Cour suprême : elle est alors la deuxième femme à obtenir ce poste. Son combat acharné et méthodique contre les inégalités systémiques entre hommes et femmes aura permis à la question du genre de devenir centrale.

GUERRILLA GIRLS

Groupe fondé aux États-Unis, 1985

Depuis 1985, le collectif connu sous le nom de « Guerrilla Girls » secoue le monde de l'art par son activisme contre le sexisme, le racisme et le classisme. Ses percutantes affiches dénoncent la prédominance flagrante de l'homme blanc dans le monde de l'art, tant en termes de valeur marchande que de présence au sein des galeries et musées. Les Guerrilla Girls restent encore aujourd'hui anonymes : elles utilisent des pseudos – des noms d'artistes féminines disparues – et portent un masque de gorille lors de leurs apparitions publiques.

ILANA GLAZER & ABBI JACOBSON

Nées aux États-Unis, 1987 et 1984

Les comédiennes Ilana Glazer et Abbi Jacobson se sont fait connaître grâce au ton décapant et décomplexé de leur sitcom *Broad City*, lancée sous la forme d'une série semi-autobiographique sur le Net. Le duo se rencontre dans un groupe d'improvisation à New York, et commence à écrire *Broad City* en 2009. Cocréatrices et costars de cette série de 50 épisodes encensée par la critique, Glazer et Jacobson ont ouvert aux femmes une nouvelle voie dans la comédie, notamment grâce à leur humour trash – flirtant avec l'absurde – sur la vie quotidienne dans la Grosse Pomme. Ces authentiques influenceuses ont su redéfinir le féminisme pour toute une génération.

GERMAINE GREER

Née en Australie, 1939

Dès la parution de son premier ouvrage, *La Femme eunuque*, en 1970, Germaine Greer marque les esprits. Cette féministe à la sulfureuse réputation n'hésite jamais à aborder les aspects tabous ou délicats de la sexualité féminine, ce qui lui vaut bien des détracteurs. Germaine Greer n'a jamais prôné ni voulu l'égalité des sexes, et affirme même ne pas vraiment aimer les femmes. Avec son goût de la polémique et son franc parler, elle soutient l'idée que la femme doi tracer sa propre voie et viser la libération sexuelle. Elle cofonde un magazine porno (*Suck: First European Sexpaper*, 1969) et écrit plus d'une vingtaine d'ouvrages sur des sujets tels que le viol, le genre ou la féminit Elle est l'une des figures majeures de la deuxième vague féministe.

ANGELINA JOLIE

Née aux États-Unis, 1975

Si Angelina Jolie s'est d'abord fait un nom dans l'industrie du cinéma, elle s'avère aujourd'hui aussi célèbre pour son travail humanitaire que pour son jeu d'actrice. Élevée au sein d'une famille dysfonctionnelle, elle traverse adolescente des phases d'anorexie et d'addiction, avant de décrocher le premier rôle dans des blockbusters – comme *Lara Croft : Tomb Raider* (2001), ou plus tard *Maléfique* (2014) –, et de réaliser plusieurs films. C'est lors d'un tournage au Cambodge qu'Angelina commence à s'intéresser au sort des migrants. Désormais ambassadrice de bonne volonté pour les Nations unies, elle a été récompensée de plusieurs prix honorifiques pour son engagement humanitaire. Mère de six enfants, elle reste très impliquée auprès des réfugiés, et continue de promouvoir l'éducation et les droits des plus jeunes.

LIZZO

Née aux États-Unis, 1988

Née Melissa Viviane Jefferson à Detroit, la chanteuse, compositrice, rappeuse et musicienne plus connue sous le nom de Lizzo grandit à Houston, où elle monte son tout premier groupe ; elle a alors 14 ans. Initiée à la musique classique, elle tourne avec plusieurs formations, avant d'entamer une carrière solo et de sortir son premier album en 2013. Ses paroles à caractère ouvertement sexuel, sa philosophie *body positive* assumée et son côté franc-tireur (elle mélange flûte traversière et rap) font de Lizzo un modèle pour toutes les femmes.

AUDRE LORDE

Née aux États-Unis, 1934-1992

Audre Lorde a trouvé dans la poésie un refuge. Très tôt, elle se met à écrire des poèmes pour se soustraire à l'emprise de ses parents et à la difficulté de grandir dans le Harlem des années 1940. Dès 1960, elle fréquente l'exubérante scène gay qui émerg au cœur de Greenwich Village, à New York. La décennie suivante, alors enseignante à la City University of New York, elle se mobilise pour la création d'un département d'études noires. À travers ses écrits et conférences, elle devient une voix majeure pour les femmes noires et queer au sein du mouvement féministe. Ses idées ont une portée immense et confèrent un aspect plus inclusif à ce qu'est le féminisme.

WANGARI MAATHAI

Née au Kenya, 1940-2011

En 2004, Wangari Maathai deviendra la première femme noire africaine à se voir décerner un prix Nobel. Dans les années 1960, brillante étudiante, elle obtie une bourse d'études pour les États-Unis, où elle passe sa maîtrise, avant de rentrer au Kenya entreprendre un doctorat à l'université de Nairobi, doctorat qu'elle est première femme d'Afrique de l'Est à obten on est alors en 1971. Elle fonde ensuite le Green Belt Movement [Mouvement de la ceinture verte], campagne écologique qui aidera quelque 30 000 femmes à gagner leur vie grâce à la plantation d'arbres. Son approche globale de l'activisme – qui vise déceler les liens entre les problèmes pour les résoudre plus efficacement – en fait l'u des militantes les plus influentes de l'histo

ZANELE MUHOLI

Née en Afrique du Sud, 1972

La prolifique artiste visuelle Zanele Muholi utilise son objectif pour documenter la vie de la communauté LGBTQ d'Afrique du Sud et de sa diaspora, groupe dont les récits sont depuis longtemps ignorés ou effacés dans ce pays et ailleurs. Zanele a fondé deux organisations – Forum for the Empowerment of Women [Forum pour l'autonomisation des femmes] et Inkanyiso –, qui soutiennent la communauté lesbienne d'Afrique et plaident en faveur des droits LGBTQ. Ses portraits photographiques puissants et émouvants, qui prouvent qu'il faut accepter l'autre comme il est, sont exposés dans des institutions culturelles reconnues dans le monde entier.

HARI NEF

Née aux États-Unis, 1992

En 2015, Hari Nef devient le premier top transgenre à signer chez IMG. Depuis, elle flirte avec la caméra tout en servant d'égérie à des marques telles que Gucci ou L'Oréal. Véritable muse pour sa génération, elle milite contre le sexisme et les inégalités de genre aux États-Unis. Hari Nef utilise cette tribune pour éveiller les esprits à la cause transgenre, tout en tenant à souligner que son identité ne devrait en aucun cas définir son travail ou ce qu'elle est.

SHIRIN NESHAT

Née en Iran, 1957

Si l'artiste de renommée internationale Shirin Neshat vit aux États-Unis depuis 197 son travail ne cesse de parler de son pays natal, l'Iran, et en particulier de la place des femmes musulmanes dans les cultures moyen-orientales et au sein de la diaspora. À travers ses vidéos, ses photos et ses films couronnés de nombreux prix, Shirin Nesha confronte l'intime et le politique, et utilise son art comme une forme de protestation contre l'oppression, interrogeant souvent la contradiction entre l'individu et la cultur

MICHELLE OBAMA

Née aux États-Unis, 1964

Michelle Obama est l'une des personnalité les plus admirées au monde, et ceci pour d nombreuses raisons. Cette avocate, autrice et militante incarne un véritable modèle pour les femmes, et a consacré sa carrière à éveiller les consciences sur des sujets tel que la pauvreté, la santé, l'éducation, ou encore les inégalités raciales et sexuelles aux États-Unis. Élevée à Chicago, elle sort diplômée de Princeton et de Harvard, avant de rencontrer son futur mari, Barac Obama, pour lequel elle devient une sorte mentor au sein du cabinet d'avocats où ils travaillent alors tous les deux. Elle joue un rôle tout à fait crucial lors de la campagne présidentielle, puis, une fois First Lady, s'avère l'une des personnalités politiques plus populaires de l'histoire américaine. S autobiographie, *Devenir* (2018), s'est vendu à plus de 10 millions d'exemplaires.

YOKO ONO
Née au Japon, 1933
La plasticienne, musicienne et militante pour la paix a joué un rôle essentiel au sein de la scène artistique expérimentale new-yorkaise des années 1960. En 1966, à Londres, elle rencontre son second mari, John Lennon, lors du vernissage de l'une de ses expositions. Yoko Ono fusionne depuis toujours image publique, art et opinions politiques, comme le prouvent ses célèbres performances « Bed-ins for Peace », qu'elle réalise avec Lennon en 1969. La véritable reconnaissance de son travail viendra bien plus tard, notamment grâce à la rétrospective organisée par le Whitney Museum en 1989. En 2012, celle qui a contribué à la construction d'écoles partout dans le monde se voit honorée de la prestigieuse médaille Rainer-Hildebrandt pour son œuvre philanthropique. Elle recevra également un Lion d'or pour l'ensemble de sa carrière.

EMMELINE PANKHURST
Née au Royaume-Uni, 1858-1928
On ne présente plus la suffragette britannique : Emmeline Pankhurst entre dans l'histoire en lançant le mouvement qui finit par aboutir, le 2 juillet 1928, au droit de vote pour les femmes du pays âgées de plus de 21 ans. Elle n'assistera jamais à cette victoire historique, mais verra le gouvernement adopter, en 1918, le Representation of the People Act. Son goût pour la politique apparaît dès la petite enfance : ses parents sont des activistes politiques qui encouragent leurs enfants à soutenir leurs luttes. Elle est membre fondatrice du Women's Social and Political Union – organisation de défense du droit de vote des femmes –, dont l'approche frontale mais non violente vise à obtenir le droit de vote pour les femmes. Leurs actions radicales, comme la fameuse grève de la faim de 1909, sont alors décriées, mais finissent par porter leurs fruits.

PHOEBE PHILO

Née en France, 1973

Phoebe Philo reçoit à deux reprises le titre de designer de l'année par le British Fashic Council (en 2004 et 2010), avant de se voir décerner, en 2014, le titre d'officier de l'ord de l'Empire britannique. Elle a longtemps occupé le poste de directrice artistique au sein de deux maisons de mode extrêmeme prestigieuses : Chloé et Céline. Au fil de sa carrière, elle a su transformer l'univers du vêtement féminin, avec des pièces prisées pour leur côté à la fois fonctionnel, élégant et confortable. Phoebe Philo a toujours affirmé son féminisme, qui inspire ses créations et qui la pousse à sans cesse promouvoir l'autonomisation, et non la sexualisation des femmes à travers le vêtement.

MEGAN RAPINOE

Née aux États-Unis, 1985

Remporter le Soulier d'or, le Ballon d'or et la Coupe du monde – trois distinctions pa les plus fameuses du football – n'est pas à la portée de n'importe qui dans le monde sport. Megan Rapinoe, elle, l'a fait en 2019 Capitaine de l'équipe américaine de footb elle remporte deux Coupes du monde, ain qu'une médaille d'or olympique. Elle fait aussi entendre sa voix en politique, plaida pour la parité salariale et l'égalité des sexe et soutenant les organisations LGBT dans son sport. Enfin, elle clame haut et fort ne pas vouloir se rendre à la Maison-Blanche tant que Donald Trump sera président.

PUSSY RIOT

Groupe fondé en Russie, 2011

Le collectif féministe punk-rock créé à Moscou et connu sous le nom de Pussy Riot comporte pas mal de membres, dont beaucoup restent anonymes. Affublées d'une cagoule aux couleurs criardes dissimulant leur identité, les Pussy Riot se produisent lors de petits concerts pensés comme des rassemblements publics contre la répression politique, le patriarcat et les inégalités, avec pour cibles favorites Poutine et Trump. Leur musique n'enthousiasme pas les foules, mais leurs tactiques de guérilla, oui, surtout depuis l'arrestation et le procès –très médiatisé – de trois de leurs membres en 2012, suivis d'une performance contre Poutine au sein de la cathédrale du Christ-Sauveur de Moscou.

SHERYL SANDBERG

Née aux États-Unis, 1969

Première femme élue au conseil d'administration de Facebook, Sheryl Sandberg est l'une des femmes d'affaires les plus puissantes des États-Unis. En tant que directrice de l'exploitation, elle compte parmi les personnes les plus influentes de l'industrie de la technologie. Son manifeste féministe controversé, *En avant toutes, les femmes, le travail et le pouvoir* (2013), est devenu un best-seller mondial et a lancé tout un mouvement. Sheryl Sandberg fonde ensuite une organisation à but non lucratif mettant en place des programmes pour donner aux femmes les moyens de réaliser leurs ambitions.

GLORIA STEINEM
Née aux États-Unis, 1934
Gloria Steinem est l'une des féministes les plus adulées au monde. Ses écrits incluent un article – devenu légendaire – pour le magazine *Show* (1963), article dénonçant l'exploitation des femmes au Playboy Club de New York, où elle a elle-même officié en tant que serveuse. Sa longue carrière de journaliste lui vaudra le prix d'excellence de la Société des journalistes professionne[l] et, en 2013, la médaille présidentielle de la Liberté (la plus haute décoration civile américaine) remise par le président Obama. Elle a inspiré et produit plusieurs documentaires (dont une série nommée aux Emmys, *Woman*, en 2016), et a aussi cr plusieurs fondations de lutte pour le droit des femmes. Gloria Steinem œuvre ainsi à rendre visibles les femmes, et ce, dans chacun des aspects de la vie quotidienne et publique.

DONNA STRICKLAND
Née au Canada, 1959
Donna Strickland est une physicienne lauréate du prix Nobel pour l'invention (en collaboration avec son directeur de thèse, Gérard Mourou) d'une technique d'amplification par dérive de fréquence. E cent dix-huit ans d'existence du prix, elle seulement la troisième femme à recevoir l Nobel de physique. Elle détient aussi le pl haut titre civil de son pays natal : compag de l'ordre du Canada. Physicienne en optique, elle mène des recherches dans le domaine des lasers ; ses travaux permette à des millions de personnes de bénéficier d'une chirurgie correctrice de l'œil. Elle n'hésite pas à parler de la place de la femr dans un univers scientifique dominé par c hommes, et entend attirer plus de femmes dans son département à l'université de Waterloo (Ontario), où elle est la premièr femme à occuper un poste à plein temps professeure de physique.

GRETA THUNBERG

Née en Suède, 2003

L'activisme de Greta Thunberg commence en 2018, lorsqu'elle proteste devant son école. Elle lance ensuite une grève scolaire, après avoir traversé l'été le plus chaud jamais recensé dans son pays. Ses actions finissent par entraîner un mouvement global, amplifié par les réseaux sociaux. Greta s'est exprimée lors de la conférence des Nations unies sur le climat en 2019, a été nommée pour le prix Nobel de la paix et désignée « personnalité de l'année » par le *Time Magazine*. Son approche frontale s'avère particulièrement efficace, et son « *How dare you!* » [« Comment osez-vous ! »] – lancé lors de son discours aux Nations unies (où elle s'est rendue en voilier depuis le Royaume-Uni, pour éviter de prendre l'avion) – a touché les esprits bien au-delà de sa seule génération.

SOJOURNER TRUTH

Née aux États-Unis, vers 1797-1883

Sojourner Truth naît esclave à New York sous le nom d'Isabella Baumfree, mais change son nom en 1843 suite à une expérience mystique. Elle s'affranchit de l'esclavage avec l'un de ses enfants lorsqu'une famille d'abolitionnistes rachète sa liberté pour 20 dollars. Plus tard, elle s'établit à New York, où elle devient prédicatrice méthodiste. Oratrice hors pair, elle est invitée à parler lors de rassemblements abolitionnistes et antiesclavagistes. Elle rencontre des activistes des droits des femmes et milite pour le suffrage universel. En 1851, elle gagne de fervents partisans grâce à son discours resté célèbre, *Ain't I a Woman?* [« Ne suis-je pas femme ? »], dans lequel elle dénonce l'oppression des femmes noires à travers son propre vécu.

AGNÈS VARDA

Née en Belgique, 1928-2019

Autrice, productrice et réalisatrice, la défricheuse Agnès Varda a changé la vision mondiale de la femme, à la fois devant et derrière la caméra. Seule représentante de l gent féminine au sein de la Nouvelle Vague des années 1950, l'autodidacte Varda devien la première réalisatrice à recevoir les deux prix les plus prestigieux du cinéma : une Palme d'or et un Oscar d'honneur. Ses films font entendre une voix féminine rare, qui célèbre toutes les façons d'être femme.

PHOEBE WALLER-BRIDGE

Née au Royaume-Uni, 1985

Phoebe Waller-Bridge est le cerveau se cachant derrière les brillantes séries de la BBC, *Fleabag* (2016-2019) et *Killing Eve* (depuis 2018). Encensée par la critique, *Fleabag* (écrite, interprétée et produite par Phoebe elle-même) lui vaut une reconnaissance internationale, ainsi qu'u Golden Globe et trois Primetime Emmy Awards. Son travail en tant qu'autrice et comédienne est salué pour sa propension à définir la télévision du XXIe siècle, avec son humour gynocentré, incisif, et ses rôles féminins renversant les codes et les stéréotypes.

EMMA WATSON

Née en France, 1990

Emma Watson voit sa carrière décoller lorsqu'elle décroche le rôle d'Hermione Granger dans la saga *Harry Potter*. Il s'agit là de son premier rôle en tant qu'actrice professionnelle : elle n'a alors que 10 ans. En plus de tourner dans les huit volets de la série, elle obtient un diplôme de la Brown University, devient l'égérie de la maison Burberry, est nommée ambassadrice de bonne volonté d'ONU Femmes, et s'investit dans la campagne HeForShe, militant pour l'égalité des sexes.

SERENA WILLIAMS

Née aux États-Unis, 1981

L'infatigable recordwoman Serena Williams commence à jouer au tennis à l'âge de 4 ans. Alors qu'elle a 9 ans, sa famille s'installe en Floride afin qu'elle et sa sœur Venus puissent intégrer l'une des académies de tennis les plus prestigieuses des États-Unis. En 2002, elle remporte son premier Wimbledon et, la même année, se hisse en tête du classement mondial. Sa carrière a beau être pleine de blessures en tous genres, Serena finit toujours par arracher la victoire. Fervente ambassadrice de son sport, sa persévérance et sa détermination font d'elle un véritable modèle pour beaucoup de ses fans. Ambassadrice de bonne volonté à l'Unicef, son activisme – en particulier sur la question des inégalités raciales aux États-Unis – lui vaut de nombreuses distinctions.

OPRAH WINFREY

Née aux États-Unis, 1954

Oprah Winfrey compte sans conteste parm les femmes médiatiques les plus puissante d'aujourd'hui. À la tête d'une fortune estim à plus de 2,8 milliards de dollars, elle incar désormais un véritable empire aux États-Unis. Oprah débute sa carrière en tant que présentatrice du journal pour une chaîne locale à l'âge de 19 ans, puis commence à animer des talk-shows (1977), avant de lan *The Oprah Winfrey Show* en 1986. L'émissio devient le talk-show le plus regardé de la télévision américaine. Fervente défenseus des voix des femmes, Oprah Winfrey fond une chaîne de télévision destinée à la gent féminine, ouvre une école pour jeunes fill défavorisées en Afrique du Sud, et monte de nombreux projets humanitaires partou dans le monde.

MARY WOLLSTONECRAFT

Née au Royaume-Uni, 1759-1797

Considérée comme la figure fondatrice d féminisme, l'écrivaine et philosophe Mar Wollstonecraft a changé le cours de l'hist à travers son combat pour les femmes. Sa mort à l'âge de 38 ans est causée par une septicémie consécutive à la naissanc de sa seconde fille, Mary (qui deviendra plus tard Mary Shelley). Malgré sa courte carrière, elle laisse derrière elle un pamp *Défense des droits de la femme* (1792), qui avance l'idée fondamentale qu'hommes e femmes peuvent prétendre au même droi à l'éducation. Sa vie personnelle (dont les détails sont dévoilés dans les Mémoires publiés par son veuf) s'avère anticonform pour l'époque, ce qui ne manque alors pa de faire de l'ombre à son œuvre, avant qu des féministes la réhabilitent au début du XXe siècle.

MALALA YOUSAFZAI

Née au Pakistan, 1997

Malala Yousafzai – plus connue sous son seul prénom, Malala – est la plus jeune lauréate du prix Nobel de l'histoire. Son combat pour les droits humains a suscité un engouement planétaire. En 2009, Malala commence à rédiger – pour la BBC – un blog relatant son expérience dans la vallée de Swat, région du Pakistan contrôlée par les talibans. En 2010, suite à un documentaire du *New York Times*, elle attire l'attention des médias du monde entier, mais en paie le prix fort : en 2012, elle est, avec deux de ses camarades, la cible d'un taliban alors qu'elle rentre de l'école en bus ; une balle l'atteint à la tête. Elle s'en sort et plaide sa cause avec encore plus de ferveur, fondant avec son père le « Malala Fund », organisation à but non lucratif prônant l'éducation des filles. Son autobiographie, *Moi, Malala*, écrite avec Christina Lamb, est un best-seller international.

FU YUANHUI

Née en Chine, 1996

Étoile montante de la natation sportive, Fu Yuanhui devient une icône féministe quand, lors des JO de Rio de 2016, elle explique sans détour que ses règles ont clairement affecté sa performance, un sujet encore tabou dans le sport. Sa franchise, son humour et sa spontanéité (elle a aussi déploré le fait que les maillots de bain olympiques compressent autant les seins) font d'elle une star en Chine, où des millions de fans suivent ses prouesses dans et hors des bassins.

Les textes de *L'Oracle féministe* sont de Charlotte Jansen. Autrice et journaliste anglo-s lankaise installée à Londres, elle a écrit de nombreux articles sur l'art contemporain pour le *Guardian*, le *Financial Times*, *Elle*, *Frieze*, le *British Journal of Photography*, *Wallpaper** et *Arts* Charlotte est également journaliste indépendante pour le magazine *Elephant* depuis 2015. 2017 paraît son premier ouvrage, *Girl on Girl: Art and Photography in the Age of the Female Ga* chez Laurence King.

Les illustrations de *L'Oracle féministe* sont de Laura Callaghan. Illustratrice irlandaise, Lau dessine à la main et mélange aquarelle, encre de Chine, gouache et Rotring. Elle compte la Tate, Adidas et MTV parmi ses clients. Elle a également illustré *Find Frida* (Laurence King Publishing, 2020).

PYRAMYD

MALALA YOUSAFZAI

L'arme la plus efficace reste le papier et le crayon. Dans ce monde, rien n'est plus puissant qu'une femme. Les erreurs sont un privilège de la liberté.

ANGELA DAVIS

La vie a une fin, l'activisme perdure.

Si rien ne change, sois le changement.

La liberté ne s'atteint pas sans avoir connu l'enfermement.

EMMELINE PANKHURST

N'enfreins pas la loi, fais la loi.
Il faut parfois mordre la main qui nous nourrit. De temps en temps, un peu de colère ne fait pas de mal.

SERENA WILLIAMS

Quand la vie t'envoie un revers, saisis ta raquette. Gagner, c'est bien, mais perdre, c'est ça, le vrai défi. Souris comme si tu en avais envie.

GLORIA STEINEM

Rien de plus radical que la prévenance.

Égalité rime avec humanité.

Si la chaussure n'est pas à ta taille, jette-la.

JACINDA ARDERN

Ne sous-estime jamais la force du oui. Une grande force découle d'une grande compassion. Il faut tout un village pour faire une superwoman.

SIMONE DE BEAUVOIR

Pourquoi ne pas avoir le beurre et l'argent du beurre ? On ne naît rien du tout, on devient quelque chose. Sois toi-même, personne ne le sera à ta place.

DONNA STRICKLAND

Connais tes points forts et utilise-les.
Tout est question d'atomes.
Ménage-toi pour la grande course.

CHIMAMANDA NGOZI ADICHIE

Dépasse toujours tes attentes.

Tout le monde devrait être féministe.

La vie, c'est pas du propre : n'hésite pas à te salir les mains.

SHERYL SANDBERG

Agis avec prudence et bâtis des choses. L'agressivité cause le chaos ; mieux vaut s'imposer en douceur. ♡ La résilience est comme un muscle : il faut l'entretenir.

MICHELLE OBAMA

Notre force ne dépend pas de la faiblesse des autres. Personne ne sera libre et épanoui tant que tout le monde ne sera pas libre de s'épanouir. Partage tes histoires : elles comptent.

MARY WOLLSTONECRAFT

Un esprit occupé est un esprit lucide. L'éducation est le fondement d'un monde harmonieux. Aujourd'hui est le jour idéal pour tout recommencer.

TARANA BURKE

Pouvoir et privilège ne riment pas forcément avec domination et défaite. Travaille à un mouvement, pas à un moment. ♡ Ne souffre jamais en silence.

MAYA ANGELOU

La créativité est un puits sans fond. La vraie beauté ne naît que de la transformation. Ne te contente pas de survivre, épanouis-toi.

LAVERNE COX

N'aie pas peur d'occuper l'espace, où que tu sois. Parfois, le simple constat d'exister s'avère révolutionnaire. Le véritable oppresseur dans ta vie peut parfois être en toi.

AGNÈS VARDA

Notre réalité n'est que le début.
Si la barre est trop haute, prends une échelle. Les histoires sont les fruits les plus sucrés de la vie.

LENA DUNHAM

Une conversation sensée, c'est ça, une belle réussite. Le féminisme, c'est se sentir libre de ne pas être d'accord.

Personne n'a tout compris.

EMMA WATSON

Personne ne veut être tout seul à table. L'émancipation n'a rien à voir avec le fait de s'épiler ou non. Ta meilleure partenaire dans la vie, c'est toi.

ILANA GLAZER & ABBI JACOBSON

- Il n'y a rien de mieux que d'être une nana.
- Dans une fête, tout le monde est ton ami.
- Tu peux être la plus grossière des reines.

FU YUANHUI

Quand on veut que ça éclabousse, il faut plonger. Dans l'adversité, invoque les forces mystiques de l'univers. Pourquoi se soucier de demain si aujourd'hui te satisfait ?

JUDY CHICAGO

Il faut savoir ce que l'on veut avant de pouvoir l'obtenir. Les hommes ont l'histoire, mais les femmes créent l'avenir.
Fais-toi une place à table.

OPRAH WINFREY

On peut tout avoir, mais pas tout en même temps. Va en première classe si ça te chante, mais tu n'iras pas plus vite pour autant. Inutile de t'apitoyer sur ton sort.

PHOEBE WALLER-BRIDGE

Dire l'indicible n'est jamais chose facile. Il n'y a rien de plus drôle qu'une saucisse. Les défauts sont flatteurs.

HARI NEF

Prends ce qui t'appartient. Il suffit d'une seconde pour changer radicalement de vie. L'identité ne fait pas tout.

PHOEBE PHILO

Connais tes limites et respecte-les.

Le temps est le luxe ultime.

Habille-toi pour te sentir bien, pas pour séduire.

PUSSY RIOT

Sois impressionnée de ce que tu peux faire, et les autres le seront aussi. Mets tout le monde mal à l'aise avec tes questions.

Libère ta chatte.

CARDI B

Vois le refus et l'échec comme des amis. Le fric donne de l'assurance, et l'assurance, c'est la liberté. Ne suis pas les gens si tu ne sais pas d'où ils viennent.

ANGELINA JOLIE

L'engagement, c'est un acte de foi. L'aventure véritable n'a pas besoin de carte. On peut se cacher des autres, pas de soi-même.

LIZZO

N’attends pas qu’il soit trop tard pour obtenir ce que tu désires. Aucune femme n’est une île. Choisis l’amour-propre, choisis la vie.

MEGAN RAPINOE

Parfois, il faut tout remettre en jeu. Chaque personne a le devoir de s'améliorer. ♡ Si tu l'as gagné, tu l'as mérité.

BEYONCÉ

L'indépendance est le premier pas vers la confiance en soi. Quand la ruche va bien, on récolte plus de miel. Mise tout sur toi-même.

OCTAVIA BUTLER

L'habitude est moins dangereuse que l'inspiration. Ton nom ne fait pas qui tu es. La curiosité est un joli défaut.

SHIRIN NESHAT

Tous les artistes sont politiques. Si l'on comprend les femmes, on comprend le monde. Sois le pont, pas le ravin.

ZANELE MUHOLI

La plus incroyable des beautés naît parfois de la plus profonde des blessures. L'expression véritable implique la connaissance de soi. Nul besoin d'autorisation pour être soi-même.

ELLEN DEGENERES

Écoute le feu dans tes tripes, pas l'argent sur ton compte. L'innocence est en voie d'extinction. Pour être toi-même, apprends d'abord à te connaître.

AUDRE LORDE

Travaille à l'avenir que tu veux voir. On peut être unis sans être tous les mêmes. Toute forme d'amour vaut mieux que la haine.

NICOLA ADAMS

Sur le ring, réfléchis en termes tactiques. La force sans la foi, c'est comme une voiture sans moteur. ♡ Concentre-toi sur la récompense, pas sur les coups.

GUERRILLA GIRLS

- Il y a toujours une autre solution.
- Le rire est la meilleure des révoltes.
- La force est dans le nombre.

SONITA ALIZADEH

Vis ton rêve aujourd'hui et garde l'espoir pour demain. La compréhension est le premier pas vers le changement. Chante le monde que tu veux voir.

WANGARI MAATHAI

Deux têtes valent mieux qu'une ; trois, c'est encore mieux. Les bonnes actions poussent sur les arbres. À toi de découvrir le bon côté des choses.

YOKO ONO

L'art est notre meilleure parade, la musique notre langage universel. Dans la vie, le plus important, c'est de respirer. Garde la tête vide.

MANAL AL-SHARIF

L'ego est l'armure des faibles. Une seule goutte peut mener à l'inondation. La peur est notre plus grand oppresseur.

ADWOA ABOAH

Ne te contente pas des quotas. L'honnêteté est la meilleure des conduites. La paresse est une tueuse silencieuse.

RUTH BADER GINSBURG

L'adversité est une clé qui ouvre bien des portes. Les femmes d'exception pourraient bien devenir la norme.
Pratique la dissidence sans hostilité.

LAURA BATES

Pour que les portes s'ouvrent, ouvre des livres. Homme, femme : tous humains.
En cas de doute, crois en toi.

ROXANE GAY

Les talons, c'est joli, mais ça ralentit. Chacun a quelque chose que quelqu'un d'autre désire. Personne n'est politiquement parfait ; accepte ta mauvaise féministe intérieure.

GERMAINE GREER

La critique est tout simplement signe de succès. Consommer résulte de l'envie de se conformer. Ne te déshydrate pas en cherchant la fontaine de jouvence.

GRETA THUNBERG

La simplicité est sans doute la meilleure façon d'aborder un problème complexe. Laissons la science présager de notre avenir. L'audace appelle la prévenance.

SOJOURNER TRUTH

Rester assise à bavarder ne mène nulle part. La vérité finit toujours par émerger. Qu'est-ce qu'un corps sans un esprit pour le nourrir ?

MARGARET ATWOOD

Les réponses que l'on obtient dépendent des questions que l'on pose. Œil pour œil, et tout le monde devient aveugle.

Ce sont les petites choses qui donnent tout son sens à la vie.